FACULTÉ DE DROIT DE PARIS.

THÈSE
POUR LA LICENCE.

L'acte public sur les matières ci-après sera présenté et soutenu le mercredi 23 août 1854,
à midi.

Par BABIL (Gustave),
Né à Paris (Seine).

Président :   M. ROYER-COLLARD.

Suffragants : { MM. DURANTON,
ORTOLAN, } professeurs.
GIRAUD,
RATAUD,   suppléant.

Le Candidat répondra en outre aux questions qui lui seront faites
sur les autres matières de l'enseignement.

PARIS,
TYPOGRAPHIE DE PLON FRÈRES,
IMPRIMEURS DE L'EMPEREUR,
RUE GARANCIÈRE 8

1854

THÈSE
POUR LA LICENCE.

L'acte public sur les matières ci-après sera présenté et soutenu le mercredi 23 août 1854,
à midi.

Par BABIL (Gustave),
Né à Paris (Seine).

Président :   M. ROYER-COLLARD.

Suffragants :   MM. DURANTON,
                     ORTOLAN,   professeurs.
                     GIRAUD,
                     RATAUD,   suppléant.

Le Candidat répondra en outre aux questions qui lui seront faites
sur les autres matières de l'enseignement.

PARIS,

TYPOGRAPHIE DE PLON FRÈRES,

IMPRIMEURS DE L'EMPEREUR,

RUE GARANCIÈRE, 8.

1854

A MES CHERS PARENTS.

JUS ROMANUM.

DE PIGNORIBUS ET HYPOTHECIS.

(Dig. xx, 1, 2, 3.)

Pignus est jus in re aliena creditori, in securitatem debiti, constitutum. Accipitur etiam aut pro ipsa re oppignerata, aut pro contractu quo pignus constituitur.

Est etiam hypotheca jus in re. Differt tamen a pignore; proprie enim pignus dicitur quod ad creditorem transit, hypotheca cùm non transit possessio ad creditorem. Ideo non ad verbum accipienda est hæc Marciani sententia : « Inter pignus et hypothecam tantum nominis sonus differt. » Sed inter ea, quantum ad hypothecariam actionem attinet nihil interesse verum est, cùm de qua re inter creditorem et debitorem convenerit, ut sit pro debito obligata, utraque hac appellatione contineatur. Utrumque igitur verbum, ad Romanorum exemplar, sine discrimine usurpabimus.

Jus autem pignoris aut hypothecæ non dividitur, ita ut, soluta quadam parte, pro parte non evanescat. Si quis igitur pignori plures res acceperit, non cogitur unam liberare, nisi accepto universo, quantum debetur.

Denique pignus non intelligitur nisi creditori constitutum.

I. Quum igitur jus pignoris sine obligatione quadam nullum esse possit, res hypothecæ dari sciendum est pro quacumque obligatione, vel civili, vel honoraria, vel tantum naturali; sive mutua pecunia detur, sive dos, sive emptio vel venditio contrahatur, vel etiam locatio et conductio, vel mandatum; sive pura sit obligatio vel in diem, vel sub conditione (qua autem non alias obstringimur nisi conditio exstiterit), et sive in præsenti contractu, sive etiam præcedat. Futuræ etiam obligationis nomine dari possunt, et non solum solvendæ omnis pecuniæ causa, verum etiam de parte ejus. Denique hypothecam aliquis sive pro sua obligatione, sive pro aliena dare potest.

II. Omnes autem res quæ sunt in nostro patrimonio pignori vel hypothecæ dari possunt, nec corporales tantum, sed etiam incorporales; et quæ jam natæ sunt, et quæ nondum sunt, futuræ tamen. Pignerationem igitur recipiunt fructus pendentes, partus ancillæ, nomina, militiæ, vectigale prædium, ususfructus, jura prædiorum rusticorum, servitus videlicet itineris, viæ, aquæductus. Non item de servitutibus prædiorum urbanorum, quæ, cum vendi nequeunt, creditori inutiles forent.

Plura tamen excipienda sunt. Variis enim ex causis pignerationem nec recipiunt res quæ omnino extra commercium sunt, communes scilicet, publicæ, universitatis, nullius, nec litigiosæ res, nec dotales fundi, nec filiifamilias bona a parente administrata.

III. Pignorum vero alia ex conventione, alia ex testamento, alia ex jussu prætoris nascuntur. Hic de conventionali pignore agitur.

Contrahitur autem pignus per traditionem, aut per pactum conventum quum quis paciscitur ut res ejus propter aliquam obligationem sint hypothecæ nomine obligatæ; nec ad rem pertinet quibus fit verbis. Imo verbis nullis opus est, cum pignoris obligatio etiam inter absentes recte ex contractu fiat. Denique sine scripturis etiam ea valet, si tamen habeat probationem.

IV. Is vero rem pignerare potest ad quem hæc pertinet, sed quatenus jure potuit obligare. Nec dominium solum hic intelligitur, satis enim est debitori rem in bonis fuisse quo tempore pignus contraheretur. Non igitur dominus tantum proprietatis, sed et is qui usumfructum habet, et ipse creditor quod ad rem pigneratam attinet, et servus necnon filiusfamilias qui rem peculiarem pignori dederint, si liberam peculii administrationem habeant, et ii, quantum ad bona sibi mandata spectat, qui aliena jure administrant, recte pignus constituunt. Quin etiam si ab eo qui Publiciana actione uti potuit, quia dominium non habuit pignori accepi, sic tuetur me per Servianam prætor, quemadmodum debitorem per Publicianam.

V. Alienam etiam rem pignori dare, voluntate domini, potes. Sed et si

ignorante eo data sit, et ratum habuerit, pignus valebit. Quæ tamen uti-
liter etiam obligatur sub conditione, si debitoris facta fuerit. Cujus imo
alienæ rei hypotheca, licet voluntas domini aut conditio absit, in hoc tamen
valet ut utilem pignoratitiam actionem pariat creditori.

VI. Nonnunquam autem pacta pignori adjiciuntur. Frequens enim olim
erat lex commissoria qua creditori licebat, **ad** diem pretio non soluto, rem
pigneratam jure domini possidere; quæ lex ab imperatore Constantino abro-
gata est. Potest contra fieri pignoris datio hypothecæve ut creditor, si,
intra certum tempus non sit soluta pecunia, jure emptoris rem possideat,
justo tunc pretio æstimandam. Hoc etiam pactum sæpius reperire est,
ἀντίχρησιν nomine, quo convenit creditorem in debitæ pecuniæ usuras pi-
gnoratæ rei fructus percepturum fore. Quod quidem vel citra pignus fieri
potest, et tunc proprium quoddam negotium constituit.

VII. Tacite autem pignus vel hypotheca contrahitur. Tacitam nempe ha-
bent hypothecam fiscus in bonis debitorum suorum, minores viginti quinque
annis in tutorum vel curatorum bonis pro reliquis tutelæ, legatarii et fidei-
commissarii in bonis defuncti, uxores denique in bonis mariti. Quæ videlicet hypothecæ generales dicuntur. De quibus non amplius loquar, cùm
nulla in hoc Digestorum secundo titulo earum mentio facta sit.

Specialiter contra res pignori obligari possunt. Sic in prædiis rusticis
fructus qui ibi nascuntur, tacite intelliguntur pignori esse domino fundi
locati; sic quæ in prædia urbana inducta illata sunt pignori esse creduntur
nec pro pensionibus tantum, sed et si deteriorem fecerit habitationem culpa
sua inquilinus; sic tacitum pignus insulæ creditori datum est qui pecu-
niam ob restitutionem ædificii exstruendi mutuam dedit, vel ei qui, man-
dante domino, redemptori nummos ministravit. Eodem etiam jure utuntur
et mulier in prædio dotali si fuerit adhuc penes maritum, donec restituatur,
et in rebus cum pecunia dotali comparatis, et legatarius, ad legati securitatem, in bonis hæreditatis nomine a defuncto relictis, denique pupillus si
ex nummis suis fuerit res comparata.

POSITIONES.

I. Obstat lex 16, § 3, Dig. xx, tit. 1, cum lege 21, § 3, eodem tit.

II. Obstat lex 22, Si Titio... (Dig. xx, tit. 1), cum lege 41. Dig. xiii, t. VII.

III. Non obstat lex 26, Fidejussor. (Dig. xx, tit. 1) cum lege 59, § 1. Mandati vel contra. (Dig. xvii, 1, 1. 59, § 1.)

IV. Obstat lex 29, § 2, Dig. xx, tit. 1, cum lege 44, § 1, De damno inferto. (Dig. xxxix, t. II, 1. 44, § 1.)

V. Obstat lex 1. Dig. xx, tit. 2, cum lege 24, § 1, De rebus auctoritate judicis possidendis. (Dig. xlii, 5, 1. 24, § 1.)

VI. Obstat lex 1, § 2, Dig. xx, t. III, cum lege 24. Dig. xx, t. I.

DROIT FRANÇAIS.

Perturbat nos opinionum varietas,
hominumque dissensio.

(Cic., *De leg.*, 1.)

Publicité des priviléges et hypothèques.

Les priviléges et hypothèques, causes légitimes de préférence entre les différents créanciers d'un même débiteur, sont des droits réels, et comme tels opposables aux tiers. Il importe donc que ceux-ci soient avertis de leur existence, afin de pouvoir apprécier avec exactitude le crédit que mérite leur débiteur. La publicité était le moyen le plus simple et le plus sûr d'arriver à ce but. Par elle, ceux qui contractent avec une personne peuvent connaître la situation hypothécaire des biens que le débiteur propose d'affecter à la garantie de la créance. S'ils s'engagent à la légère, ils ne devront s'en prendre qu'à eux-mêmes de leur imprudence. La publicité, telle est donc la base la plus solide de tout système hypothécaire. L'inscription en sera la mise en pratique, pour ainsi dire; elle lui donnera une complète efficacité au plus grand profit du crédit public, et de la sécurité des transactions; elle paraîtra si utile qu'elle frappera même le privilége, bien que celui-ci par sa nature (*privilegia ex causa nascuntur*) semblât devoir y échapper. Le Code a donc admis avec raison le principe de la publicité, et si l'on ne peut lui attribuer le mérite de la découverte, du moins est-il le premier qui l'ait entièrement organisée.

La Grèce, où l'hypothèque prit son origine et son nom, avait son genre de publicité symbolique et grossier. Des poteaux indicateurs, chargés d'une inscription, désignaient les champs grevés d'hypothèques. Ces poteaux semblent avoir donné l'idée de l'inscription moderne.

A Rome, les hypothèques étaient occultes. Cette clandestinité a surtout lieu d'étonner quand on songe que l'hypothèque s'appliquait aux meubles comme aux immeubles.

Sous le régime de la féodalité on voit comme une imitation anticipée de notre publicité. Les mutations de propriété, pour être valables, durent être inscrites sur les registres seigneuriaux; cette mesure fut conservée dans certains pays de la France, qu'on appela pour ce motif pays de nantissement; mais dans la majeure partie de notre ancienne France les hypothèques furent occultes. Une tentative faite par Colbert, en 1673, pour introduire dans la législation le principe de la publicité, échoua contre la résistance des grandes familles, qui avaient intérêt à ne pas laisser découvrir l'état secrètement obéré de leurs fortunes. Un édit de 1771 fut plus heureux; il institua les lettres de ratification qui rendaient l'acquéreur propriétaire incommutable en transportant sur le prix les droits qui grevaient l'immeuble : cet édit a régi la France jusqu'à la loi du 11 brumaire an VII. La Convention avait bien, par la loi du 9 messidor an III, appliqué le principe de la publicité à toute la France, et pour les mutations et pour les constitutions d'hypothèque; mais cette loi, suspendue par d'autres lois, ne fut jamais mise en vigueur.

La loi de brumaire est donc la première qui ait appliqué efficacement le principe de la publicité à toute la France. Les articles 2 et 26 méritent d'être rapportés : « L'hypothèque ne prend rang (article 2) et les priviléges sur les immeubles n'ont d'effet que par leur inscription dans les registres publics à ce destinés... » L'article 26 dit : « Les actes translatifs de biens et droits susceptibles d'hypothèques doivent être transcrits sur les registres du bureau de la conservation des hypothèques dans l'arrondissement duquel les biens sont situés. Jusque-là, ils ne peuvent être opposés aux tiers qui auraient contracté avec le vendeur et qui se seraient conformés aux dispositions de la présente. » Sous ce régime, toutes les hypothèques avaient rang à la date de l'inscription, et jamais à celle du contrat. De plus, comme l'acheteur ne devenait propriétaire que par la transcription, celle-ci, en même temps qu'elle opérait mutation, avertissait le public que le vendeur devenait créancier privilégié du prix. Elle produisait donc tout à la fois et la propriété à l'égard de tous et le privilége du vendeur. L'architecte conservait son privilége par l'inscription du premier procès-verbal ; aucun privilége n'était consacré en faveur du copartageant.

Le Code vint ensuite. Malgré la commission de l'an viii qui se prononça pour le système des hypothèques occultes contre la publicité, que lui rendaient odieuse les lois fiscales et le droit proportionnel qui l'accompagnaient, le système de la publicité triompha. Une grave exception y fut toutefois faite sur les observations réitérées du Premier Consul : l'hypothèque de la femme, du mineur et de l'interdit furent dispensées de l'inscription.

Comment se conservent les priviléges.

(Cod. Nap., art. 2106-2113.)

Le privilége est un droit que la qualité de la créance donne au créancier d'être préféré aux autres créanciers, même hypothécaires.

Cette définition du Code même prouve que le rang du privilége dépend de sa qualité et naît avec elle, indépendamment de l'inscription. On ne doit donc pas prendre à la lettre les termes de l'article 2106 : « Les priviléges ne produisent d'effet qu'à compter de la date de leur inscription. » Cela veut simplement dire que le privilége, bien qu'existant, est inerte sans l'inscription ; celle-ci met en action, pour ainsi dire, son existence.

Les priviléges généraux sur les meubles sont exceptés de la formalité de l'inscription. L'importance généralement minime de ces priviléges justifie suffisamment cette première exception.

Une seconde s'applique au privilége du vendeur. Celui-ci conserve son privilége par la transcription de l'acte de vente, pourvu que la totalité ou partie du prix lui soit encore due. Cette transcription vaut inscription à son profit ; c'est une faveur dont il est libre de ne pas user ; il peut requérir une inscription directe. Cette inscription est même organisée indirectement par la loi. La crainte que la créance privilégiée du vendeur ne passât inaperçue au milieu des clauses nombreuses d'un acte de vente a inspiré au législateur l'idée de prescrire au conservateur de prendre une inscription d'office. Aucun délai n'est fixé pour la transcription, elle pourrait donc être valablement faite jusqu'à l'expiration du délai de quinzaine après la transcription, en cas d'une aliénation faite par l'acheteur.

La transcription conserve également les droits des bailleurs de fonds, par l'effet de la subrogation.

Le privilége du cohéritier ou copartageant se conserve par l'inscription faite dans les soixante jours à compter de l'acte de partage. L'inscription peut avoir lieu ici, comme pour la vente, en vertu d'un simple acte sous seing privé. Contrairement au vieil adage juridique : « *Dies a quo non computatur in termino,* » on doit comprendre dans les soixante jours celui de la date de l'acte.

Grâce à l'inscription prise dans les délais utiles, le privilége rétroagit au jour où il est né, en primant toutes les hypothèques prises antérieurement dans ces mêmes délais. Si on les a laissés passer sans requérir l'inscription, le privilége se transforme en simple hypothèque légale (art. 2113) et tombe sous la règle *Prior tempore potior jure.* Cette inscription conserve non-seulement le privilége relatif aux soultes, mais encore celui relatif à la garantie dont les copartageants sont respectivement tenus les uns à l'égard des autres. L'article 2109 doit se compléter par l'article 2103. Enfin il faut remarquer que le délai de deux mois n'est accordé que lorsque l'adjudicataire est un des copartageants. Si c'était un étranger, ceux-ci seraient de véritables vendeurs, et leurs droits régis par les règles mentionnées pour le cas de vente.

Les architectes, entrepreneurs et ouvriers employés pour les reconstructions et réparations conservent leur privilége par la double inscription du procès-verbal dressé avant le commencement des travaux et du procès-verbal de réception, à la date de l'inscription du premier procès-verbal.

L'inscription conserve aussi le privilége de ceux qui ont prêté les deniers pour payer les architectes et entrepreneurs.

La loi du 16 septembre 1807 sur le desséchement des marais (article 23) accorde un privilége au concessionnaire sur la plus-value des terrains desséchés. L'état des lieux est constaté avant et après les opérations, et le privilége conservé par l'inscription des deux procès-verbaux.

Enfin, ceux qui ont fourni les fonds pour la recherche d'une mine conservent leur privilége sur la mine concédée en se conformant aux articles 2103 et autres du Code Napoléon (loi du 10 avril 1810, article 20).

Les créanciers et légataires du défunt peuvent demander que ses biens ne soient pas confondus avec ceux de son héritier, dont le passif surpasserait l'actif. Ce droit est ce qu'on nomme la séparation des patrimoines. Consacré par l'article 878 du Code, il est réglé par l'article 2111 quant à sa conservation. Il n'est soumis, quant aux meubles, à aucune formalité. Quant aux immeubles, il doit être inscrit dans les six mois à compter de l'ouverture de la succession. L'effet de l'inscription rétroagit au jour du décès. L'article 2111 ne statue que pour le cas où l'immeuble demeure aux mains de l'héritier. S'il y avait eu aliénation, le délai pourrait être réduit. On suit alors les règles de l'article 834 du Code de procédure.

A ces priviléges énumérés par le Code, nous en ajouterons deux autres pour lesquels une inscription doit être également prise dans un délai déterminé. Ces priviléges sont établis au profit du trésor sur tous les biens meubles des comptables, et sur leurs immeubles acquis à titre onéreux par eux ou leurs femmes, même séparées de biens, postérieurement à leur nomination ; l'autre sur les biens des condamnés en matière criminelle, correctionnelle et de police. L'inscription doit être prise pour ces deux priviléges dans un délai uniforme de deux mois à partir du jour de l'acquisition faite par le comptable, et du jour du jugement de condamnation.

Les cessionnaires des diverses créances privilégiées que nous avons parcourues exercent tous les mêmes droits que leurs cédants. La cession peut se faire par acte sous seing privé aussi bien que par acte authentique, avec cette différence, cependant, que la cession par acte authentique est bien plus avantageuse en ce qu'elle permet au cessionnaire de changer le domicile élu, mais à la charge d'en choisir un autre dans le même arrondissement, tandis qu'il ne le peut pas si l'acte est sous seing privé.

Une loi commune aux priviléges dont la conservation est subordonnée à la formalité de l'inscription dans un certain délai, est de dégénérer en hypothèques lorsqu'on a laissé passer ce délai sans la prendre. Ils invoqueraient en vain la qualité de leur créance ; ils sont, comme les hypothèques, soumis au temps.

On ne doit pas perdre de vue que dans tout ce qui précède nous n'avons toujours entendu parler que du droit de préférence. « Entre les créanciers, les priviléges ne produisent d'effet, » etc., dit l'article 2106. La formalité de l'inscription s'applique-t-elle également au droit de suite? L'affirmative n'est pas douteuse. Le droit de suite ne peut être invoqué contre les tiers acquéreurs que si une inscription leur a révélé son existence. Le privilége du vendeur seul doit être excepté. Pour lui la transcription conserve le droit de suite avec le droit de préférence. Sauf cette exception, nous pouvons dire que pour tous les priviléges, sans distinction, le droit de suite s'éteindra par l'aliénation de l'immeuble, s'il n'est pas déjà inscrit au moment de l'aliénation (2166).

Tel était le principe posé par le Code Napoléon. Il était bien rigoureux, puisqu'un débiteur pouvait, par une aliénation immédiate, faire perdre au créancier son gage. Le Code de procédure l'a modifié. L'article 834 est venu au secours des créanciers en leur accordant le droit de faire inscrire leur privilége même après l'aliénation, mais au plus tard dans la quinzaine à partir de la transcription de l'acte translatif de propriété que devra faire le tiers acquéreur. Toutefois ces créanciers tardifs, quoique prenant inscription dans la quinzaine de la transcription de l'acte d'aliénation, seront primés par les créanciers qui, ayant acquis une hypothèque du chef de l'acquéreur, ont pris une inscription antérieure à la leur.

L'article 17 de la loi du 3 mai 1841 étend le bénéfice de cet article 834 aux créanciers privilégiés et hypothécaires sur les immeubles soumis à l'expropriation pour cause d'utilité publique.

Du mode de l'inscription des priviléges et hypothèques.

(Cod. Nap., art. 2146-2165.)

Les priviléges et hypothèques, étant soumis à la même condition de publicité, doivent être inscrits pour sortir leur plein effet. Les inscriptions se font sur les registres d'un officier public spécialement établi pour leur tenue au chef-lieu de chaque arrondissement (loi du 21 ventôse an VII), et dont la compétence est limitée aux immeubles de cet arrondissement. Le privilége conserve ainsi les effets que lui donne la qualité de la créance, l'hypothèque prend rang à compter de la date de l'inscription.

Les inscriptions sont prises au bureau de conservation des hypothèques dans l'arrondissement duquel sont situés les biens soumis au privilége et à l'hypothèque. Si les biens sont situés dans divers arrondissements, il faut prendre autant d'inscriptions qu'il y a de bureaux différents. Les inscriptions pour hypothèque sur les actions immobilières de la banque de France (décret du 16 mars 1810), et les actions immobilisées des canaux d'Orléans et de Loing sont prises à Paris, où est le siége de l'administration.

A côté de l'inscription se place la transcription comme mode de publicité. Elle diffère de l'inscription en ce que celle-ci a lieu par extrait, tandis que celle-là est la reproduction littérale de l'acte entier sur le registre.

L'hypothèque peut être inscrite dès qu'elle a pris naissance, et le créancier a tout intérêt à le faire, puisque la date de l'inscription fixe son rang. Cependant, en matière d'hypothèque judiciaire, celle qui résulte d'un jugement ou acte judiciaire portant reconnaissance d'une obligation sous seing privé ne peut être inscrite, lorsque la demande a été formée avant l'échéance de l'obligation, tant que le terme n'est pas échu ou la condition réalisée, à moins qu'il n'y ait eu stipulation contraire (loi du 3 septembre 1807). La loi n'indique aucun délai, s'en rapportant à l'intérêt personnel du créancier. L'hypothèque sera donc valablement prise tant que l'immeuble sera *apud debitorem*, ou même après l'aliénation, jusqu'à l'expiration du délai de quinzaine qui suivra la transcription du titre translatif de propriété.

Cette règle reçoit deux exceptions, l'une en matière commerciale, l'autre dans le cas où une succession est acceptée sous bénéfice d'inventaire. L'article 2146 déclare absolument sans aucun effet les inscriptions prises dans le délai pendant lequel les actes faits avant l'ouverture des faillites sont déclarés nuls. L'ancien article 443 du Code de commerce nous apprend que ce délai comprend les dix jours qui ont précédé la faillite. Ces dispositions ont été modifiées par la loi du 28 mai 1838 sur les faillites.

D'après l'article 446 actuel du Code de commerce, sont nuls et sans effet,
lorsqu'ils ont eu lieu depuis la cessation des payements ou dans les dix
jours qui auront précédé, les droits d'antichrèse, priviléges et hypothèques
constitués sur les biens du débiteur pour dettes antérieurement contractées,
c'est-à-dire avant la constitution du privilége ou de l'hypothèque, et indépendamment de cette garantie. On n'a pas voulu que le débiteur pût à son
gré, et dans la prévision de sa faillite, avantager certains créanciers au détriment des autres. Mais ces droits sont aujourd'hui maintenus lorsqu'ils
garantissent des obligations postérieures à la cessation des payements, sauf
le cas de fraude.

Sous l'empire rigoureux de l'article 2146, on ne pouvait pas non plus, dans
les dix jours antérieurs à la faillite, faire inscrire les droits de privilége et
d'hypothèque valablement acquis avant la cessation des payements. Aujour-
d'hui ces droits pourront être inscrits jusqu'au jour du jugement déclaratif
de faillite. Néanmoins, les inscriptions prises après l'époque de la cessation
des payements ou dans les dix jours qui précèdent, lorsqu'il s'est écoulé
plus de quinze jours entre la naissance du droit privilégié ou hypothécaire et
l'inscription prise en vertu de ce droit, pourront être annulées.

Dans le cas d'une succession acceptée sous bénéfice d'inventaire, et, par
ce fait seul, présumée insolvable, l'inscription prise depuis l'ouverture de
ladite succession serait également sans effet à l'égard des créanciers. On
n'a pas voulu que les hasards du voisinage ou d'un avis plus prompt créas-
sent des causes de préférence.

Les inscriptions faites le même jour, quoique à des heures différentes, con-
courent ensemble sans distinction entre l'inscription du matin et celle du
soir. Les créanciers sont ainsi garantis contre les fraudes dont le conservateur aurait pu se rendre coupable.

Elles sont requises par le créancier hypothécaire ou privilégié, soit par lui-
même, soit par un tiers. Aucune condition de capacité n'est exigée du requérant. Il n'est pas nécessaire qu'il soit muni d'une procuration écrite; la
représentation de l'acte prouve suffisamment le mandat. Les mineurs, les
interdits, les femmes mariées, même non autorisées, peuvent requérir l'inscription de leur hypothèque légale.

L'inscription s'opère d'une manière différente, suivant la nature du droit qu'elle fait valoir.

Pour faire inscrire une hypothèque conventionnelle ou judiciaire, le créancier représente au conservateur l'original en brevet ou une expédition authentique du titre constitutif. Il y joint deux bordereaux écrits sur papier timbré dont l'un reste entre les mains du conservateur pour sa garantie personnelle, et dont l'autre, revêtu du certificat du conservateur, est remis au créancier pour prouver qu'il a satisfait à la loi. Ces bordereaux contiennent les énonciations propres à faire connaître exactement les noms, domiciles et professions tant du créancier que du débiteur, et en outre pour le premier, l'élection d'un domicile dans un lieu quelconque de l'arrondissement du bureau où seront faites toutes les significations relatives à son hypothèque, la date et la nature du titre, le montant du capital conservé ou son évaluation approximative, le montant des accessoires au principal, l'époque de l'exigibilité, l'indication de l'espèce et de la situation des biens.

Cette spécialité de l'inscription ne s'applique toutefois pas aux hypothèques judiciaires ni aux hypothèques légales, puisque celles-ci, par suite de leur généralité, frappent tous les biens du débiteur.

Pour l'inscription d'une hypothèque légale, la loi ne pouvait plus exiger ni un titre constitutif, puisque ce titre est dans la loi même, ni l'évaluation du montant des créances qui est impossible, ni l'époque de l'exigibilité, puisque l'époque de la dissolution du mariage, de la cessation des fonctions du tuteur ou du comptable est incertaine.

Les énonciations que nous venons de parcourir sont-elles prescrites à peine de nullité? On distingue généralement entre les énonciations substantielles et secondaires, suivant que leur omission entraîne ou non nullité. Mais on n'est nullement d'accord sur leur classification. Nous pensons qu'il n'y a pas de règle à établir, et que c'est là une question de fait qui doit être laissée à l'appréciation des tribunaux, telle indication qui ne serait d'aucune utilité pour une inscription pouvant être d'une grande importance pour une autre.

Les inscriptions à prendre sur les biens d'une personne décédée, ce qui est possible si la succession a été acceptée purement et simplement, sont valablement faites sous la simple désignation du défunt.

Les frais des inscriptions qui comprennent le papier timbré, le salaire du conservateur et le droit fiscal sont à la charge du débiteur, s'il n'y a convention contraire. L'inscrivant en fait l'avance ; s'il s'agit d'hypothèque légale, l'avance en est faite par le conservateur, sauf son recours contre le débiteur. Les frais de la transcription, qui peut être requise par le vendeur, sont à la charge de l'acquéreur.

L'inscription d'un capital produisant intérêts ou arrérages donne au créancier le droit d'être colloqué pour deux années seulement, et pour l'année courante au même rang que pour le capital. L'année courante est celle qui s'écoule depuis le jour anniversaire de l'inscription jusqu'à la demande en collocation. Ainsi, en principe, le créancier sera toujours sûr d'être colloqué pour deux années, les premières ou les dernières, peu importe, et pour l'année courante, au rang du principal.

Les intérêts échus entre le jour de la demande en collocation et la clôture définitive de l'ordre seront tous colloqués au même rang que le principal. Le créancier ne doit pas souffrir des lenteurs de la procédure.

La règle de l'article 2151 laisse toutefois entier le droit du créancier de prendre inscription au fur et à mesure des échéances.

Les inscriptions conservent l'hypothèque et le privilége pendant dix années à compter du jour de leur date (2154). La réinscription faite au delà de ce terme produit seulement son effet à sa date. Car si le défaut de réinscription dans les délais légaux fait perdre à l'hypothèque son rang, il n'en est pas ainsi du droit lui-même. Ce renouvellement a eu pour but de faciliter les recherches des conservateurs. Son résultat le plus évident a été une foule de procès. Aussi les écoles de Hollande, de Belgique et de Genève le rejettent.

La nécessité de la réinscription est générale. Elle s'applique même aux inscriptions des hypothèques légales et à l'inscription prise d'office par le conservateur. Ceux qui doivent, sous leur responsabilité, prendre une inscription de ces hypothèques sont tenus, sous la même responsabilité,

de la renouveler dans les dix ans. Seule, l'inscription du privilége du vendeur, quoique prise d'office par le conservateur, doit être renouvelée par
le créancier qui a intérêt. (Avis du C. d'État du 22 janvier 1808.)

De la radiation et réduction des inscriptions.

La radiation d'une inscription est la déclaration que cette inscription
doit être considérée comme non avenue. Elle a lieu au moyen d'une mention mise en marge de l'inscription à rayer par le conservateur, et dans
laquelle il relate en vertu de quel acte elle se fait.

La radiation n'implique pas par elle seule la renonciation au droit d'hypothèque. Elle peut être consentie par le créancier en vue de favoriser le crédit de son débiteur.

Elle est conventionnelle ou judiciaire.

La radiation conventionnelle s'opère par le consentement des parties
ayant capacité à cet effet. Le consentement doit être donné par acte authentique. Mais quelle capacité la loi exige-t-elle? On peut dire que toute personne capable de disposer de la créance garantie par l'hypothèque peut
consentir la radiation de l'inscription. Ainsi le mineur émancipé peut donner mainlevée d'une hypothèque accessoire d'une créance de revenus.

La radiation est judiciaire quand elle est prononcée par un jugement.
L'article 2160 énumère les cas où les tribunaux doivent l'ordonner. Le jugement doit être en dernier ressort, c'est-à-dire inattaquable par la voie
d'opposition ou d'appel, ou passé en force de chose jugée, c'est-à-dire
qu'ayant été susceptible d'opposition ou d'appel, ces voies de réformation
n'ont pas été tentées dans les délais légaux. Il ne suffit donc pas qu'il soit
exécutoire.

Le recours en cassation et la requête civile, n'étant pas suspensifs d'exé-
cution, n'empêchent pas la radiation.

Nous venons de dire que le jugement devait avoir une autorité irrévo-
cable. Les articles 548, 550 du Code de procédure donnent au débiteur le
moyen d'en faire la preuve auprès du conservateur.

A cet effet, il présente deux certificats, l'un de son avoué, constatant la date de la signification du jugement faite au domicile de la partie condamnée, l'autre du greffier, portant qu'il n'existe contre le jugement ni opposition ni appel. Les deux certificats restent entre les mains du conservateur pour garantir sa responsabilité. Il garde en outre une expédition de l'acte ou du jugement en vertu duquel la radiation a été faite.

Les hypothèques légales ou judiciaires, étant générales, peuvent frapper sur plus de biens différents qu'il n'est nécessaire à la sûreté des créances. Il peut y avoir alors réduction des inscriptions, soit en ce qui concerne les immeubles sur lesquels elles frappent, soit relativement à la somme pour laquelle elles sont prises.

Dans le premier cas, il faut, pour que la réduction soit obtenue, que l'hypothèque n'ait pas été restreinte par convention et qu'elle porte sur plusieurs immeubles. En outre, la valeur d'un seul ou de quelques-uns des immeubles hypothéqués doit excéder de plus d'un tiers en fonds libres le montant des créances en capital et accessoires légaux. L'excès est arbitré par le juge, et l'estimation des immeubles est faite en consultant la matrice du rôle de la contribution foncière ou la cote des contributions. On multiplie le revenu par dix ou par quinze, suivant que l'immeuble est ou non sujet à dépérissement, ce qui donne la valeur de l'immeuble. Les juges peuvent encore s'aider de tous autres éclaircissements (2465).

Dans le second cas, lorsqu'une hypothèque est accessoire d'une créance indéterminée, la demande en réduction se fonde sur l'importance exagérée que le créancier a attribuée à ses droits. Ici encore l'excès sera arbitré par le juge, d'après les circonstances et toutes autres données, de manière à concilier les droits vraisemblables du créancier avec l'intérêt du crédit raisonnable à conserver au débiteur.

Le tribunal compétent pour la demande en radiation ou en réduction d'une inscription, comme pour les actions auxquelles les inscriptions elles-mêmes peuvent donner lieu, est en général celui de la situation des biens.

Restriction de l'hypothèque légale de la femme, du mineur et de l'interdit.

La loi devait protéger la femme et les mineurs sans ruiner le crédit du mari ou du tuteur. Aussi permet-elle, sous certaines conditions, de restreindre l'hypothèque générale qui frappe leurs biens.

La restriction de l'hypothèque de la femme a lieu avant ou pendant le mariage. Si elle est antérieure, elle doit résulter d'une clause du contrat, consentie par les parties majeures. Toutefois, si la majorité de la femme est toujours nécessaire, celle du mari ne me semble pas devoir être exigée, puisqu'il s'agit ici d'une convention par laquelle il fait sa condition meilleure.

Mais si la loi autorise la restriction, elle prohibe la renonciation de l'hypothèque. La convention qu'il ne serait pris aucune hypothèque sur les biens du mari serait nulle. On a craint justement qu'elle ne devînt de style.

L'hypothèque légale de la femme qui n'a pas été restreinte par le contrat de mariage peut l'être postérieurement. Il faut alors le concours des conditions suivantes : Absence de toute clause restrictive, consentement de la femme, supériorité notoire de la valeur des immeubles, avis des quatre plus proches parents de la femme, mise en cause du procureur impérial. Néanmoins la femme pourrait, sans toutes ces conditions et avec la seule autorisation de son mari, renoncer à son hypothèque au profit d'un tiers avec lequel elle traite directement.

L'hypothèque légale du mineur et de l'interdit peut être restreinte par l'acte même de nomination du tuteur. Il suffit de l'avis du conseil de famille. Si la restriction a lieu pendant la tutelle, les conditions sont les mêmes que pour celle de l'hypothèque légale de la femme pendant le mariage, sauf qu'ici il ne peut être question du consentement du tuteur, et que le tuteur a pour contradicteur le subrogé tuteur, le ministère public ne jouant plus ici que le rôle de partie jointe.

De la publicité des registres et de la responsabilité des conservateurs.

(Cod. Nap., art. 2196-2203.)

La loi, en admettant le principe de la publicité et en imposant l'inscription comme moyen de cette publicité, devait établir des agents chargés de la porter à la connaissance de tous. Ces agents sont les conservateurs.

Leur domicile est de droit au bureau où ils remplissent leurs fonctions. Il y dure même pendant dix ans, aussi longtemps que leur responsabilité, pour les actions auxquelles donneraient lieu les faits relatifs à leurs fonctions. Il n'est pas besoin, pour intenter ces actions, d'obtenir l'autorisation préalable du conseil d'État. C'est dire que les conservateurs ne sont pas considérés comme agents du gouvernement.

Ils sont tenus de délivrer à tout requérant, sans qu'on soit obligé de justifier d'aucun intérêt légal, copie des actes transcrits sur leurs registres et des inscriptions subsistantes, ou certificat qu'il n'en existe aucune. Ils sont encore tenus d'avoir un registre spécial sur lequel ils doivent inscrire, jour par jour, les remises qui leur sont faites d'actes de mutation pour être transcrits, de donner au requérant et sur papier timbré un reçu mentionnant le numéro du registre sur lequel la remise des pièces a été inscrite, de procéder sans retard aux inscriptions ou transcriptions requises, et à les effectuer dans l'ordre et la remise des pièces. En cas de refus ou de retardement, on peut recourir contre eux à des voies de contrainte.

Ils doivent enfin faire d'office l'inscription du privilége du vendeur et effectuer la radiation ou réduction des inscriptions, sous les conditions et le mode déterminés par la loi.

Ils sont responsables de tout préjudice résultant soit de l'omission des transcriptions d'actes de mutation, et des inscriptions requises en leurs bureaux, soit du défaut de mention dans leurs certificats d'une ou de plusieurs des inscriptions existantes, à moins, dans ce dernier cas, que l'erreur ne provienne de désignations insuffisantes qui ne peuvent leur être imputées.

Mais envers qui sont-ils responsables? On pourrait croire que l'inscription prise sera toujours valable, quoique non mentionnée dans les certificats, et le détriment supporté par l'acquéreur ou le créancier postérieur; il n'en est pas ainsi. L'immeuble à l'égard duquel le conservateur a omis l'inscription en demeure affranchi dans les mains du nouveau possesseur, pourvu, toutefois, que celui-ci ait requis le certificat depuis l'aliénation.

Les registres des conservateurs sont en papier timbré, cotés et paraphés à chaque page par première et dernière par l'un des juges du tribunal dans le ressort duquel le bureau est établi. Les registres seront arrêtés chaque jour.

Les contraventions sont punies pour la première fois d'une amende de 200 francs à 1,000 francs, et pour la seconde de destitution, sans préjudice des dommages et intérêts des parties.

Enfin les registres doivent être tenus sans aucun blanc ni interligne, à peine contre le conservateur de 1,000 à 2,000 francs, toujours sans préjudice des dommages et intérêts des parties.

La responsabilité des conservateurs, qui n'est que le résultat de l'erreur, doit cesser avec elle. Ses effets ne sauraient se prolonger du moment qu'elle est reconnue : le conservateur devra donc, s'il a mal copié le bordereau, opérer d'office la rectification en portant sur ses registres, et seulement à la date courante, une nouvelle inscription plus conforme au bordereau. Cette seconde inscription doit être accompagnée d'une note relatant la première, qu'elle a pour but de rectifier. Le conservateur doit donner aux parties requérantes des extraits tant de la première que de la deuxième inscription. Si l'irrégularité vient du bordereau, il faut, pour procéder à la rectification, la demande de l'inscrivant et la production d'un bordereau régulier.

Ces règles s'appliquent aussi à la rectification des inscriptions.

En aucun cas il n'y a lieu de recourir à une autorisation solennelle, ni de faire intervenir l'autorité judiciaire. (Avis du conseil d'État du 26 décembre 1840.)

THÈSES.

I. Le vendeur et le copartageant qui n'ont pas fait inscrire leur privilége dans la quinzaine de la transcription, ne perdent pas leur droit de préférence.

II. Le droit des architectes et entrepreneurs est un véritable privilége.

III. La séparation des patrimoines n'est pas un privilége.

IV. L'inscription, qui ne pourrait être prise, peut être renouvelée dans le cas de faillite.

V. L'article 2154 est applicable aux priviléges.

VI. L'inscription, rétablie après radiation, a effet à l'égard des créanciers inscrits antérieurement à la radiation.

<table>
<tr><td>Vu par le Doyen,</td><td>Vu par le Président,</td></tr>
<tr><td>C.-A. PELLAT.</td><td>ROYER-COLLARD.</td></tr>
</table>

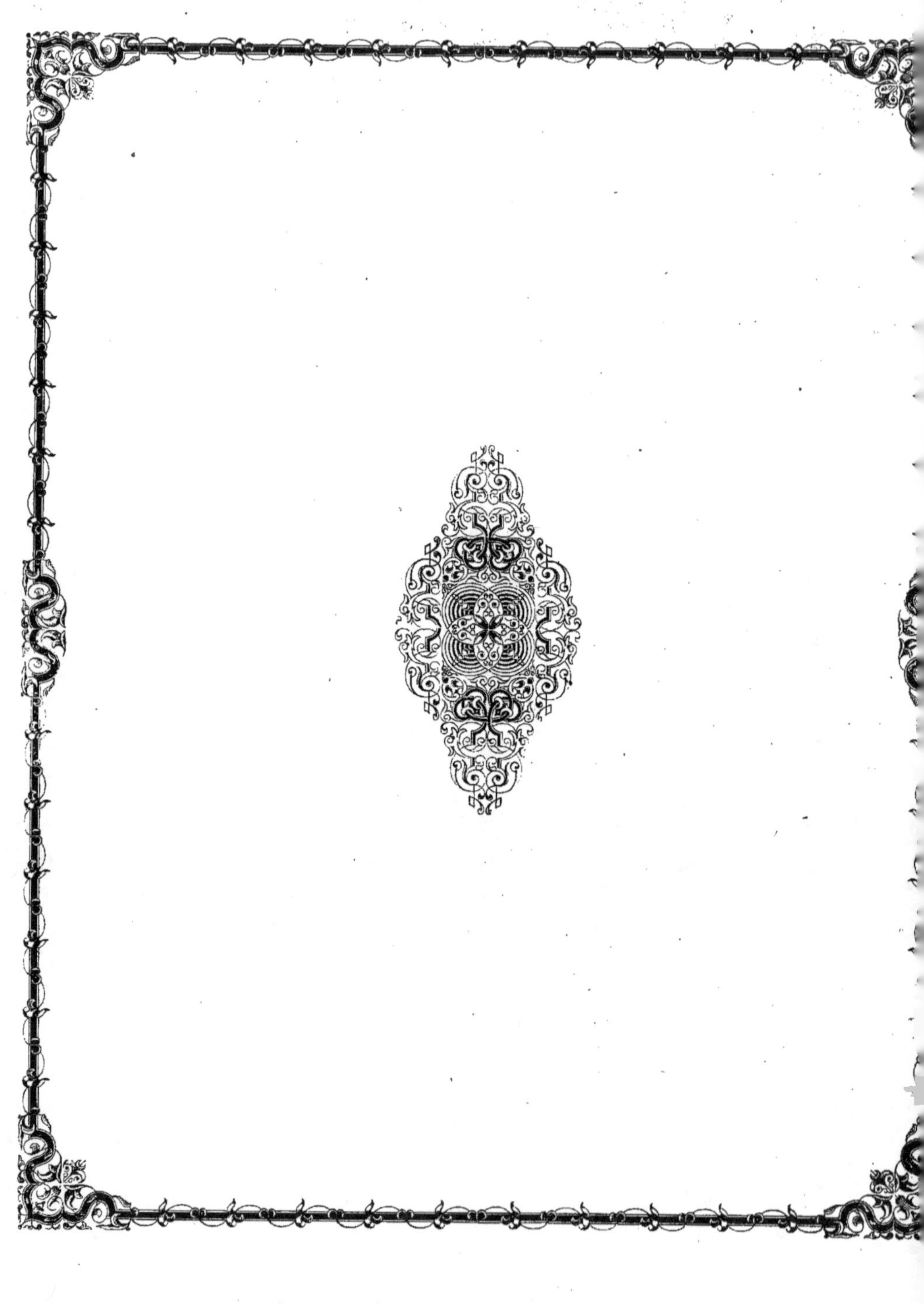